Ce carnet appartient à

_____

A

Site web :
Email :
Nom d'utilisateur :
Mot de passe :
Notes :

Site web :
Email :
Nom d'utilisateur :
Mot de passe :
Notes :

Site web :
Email :
Nom d'utilisateur :
Mot de passe :
Notes :

Site web :
Email :
Nom d'utilisateur :
Mot de passe :
Notes :

A

Site web : _____
Email : _____
Nom d'utilisateur : _____
Mot de passe : _____
Notes : _____
_____
_____

Site web : _____
Email : _____
Nom d'utilisateur : _____
Mot de passe : _____
Notes : _____
_____
_____

Site web : _____
Email : _____
Nom d'utilisateur : _____
Mot de passe : _____
Notes : _____
_____
_____

Site web : _____
Email : _____
Nom d'utilisateur : _____
Mot de passe : _____
Notes : _____
_____

B
C
D
E
F
G
H
I
J
K
L
M
N
O
P
Q
R
S
T
U
V
W
X
Y
Z

A

Site web : _____
Email : _____
Nom d'utilisateur : _____
Mot de passe : _____
Notes : _____
_____
_____

Site web : _____
Email : _____
Nom d'utilisateur : _____
Mot de passe : _____
Notes : _____
_____
_____

Site web : _____
Email : _____
Nom d'utilisateur : _____
Mot de passe : _____
Notes : _____
_____
_____

Site web : _____
Email : _____
Nom d'utilisateur : _____
Mot de passe : _____
Notes : _____
_____
_____

A

Site web : _____
Email : _____
Nom d'utilisateur : _____
Mot de passe : _____
Notes : _____
_____
_____

Site web : _____
Email : _____
Nom d'utilisateur : _____
Mot de passe : _____
Notes : _____
_____
_____

Site web : _____
Email : _____
Nom d'utilisateur : _____
Mot de passe : _____
Notes : _____
_____
_____

Site web : _____
Email : _____
Nom d'utilisateur : _____
Mot de passe : _____
Notes : _____
_____
_____

B

Site web : _____
Email : _____
Nom d'utilisateur : _____
Mot de passe : _____
Notes : _____
_____
_____

Site web : _____
Email : _____
Nom d'utilisateur : _____
Mot de passe : _____
Notes : _____
_____
_____

Site web : _____
Email : _____
Nom d'utilisateur : _____
Mot de passe : _____
Notes : _____
_____
_____

Site web : _____
Email : _____
Nom d'utilisateur : _____
Mot de passe : _____
Notes : _____
_____
_____

B

Site web : _____
Email : _____
Nom d'utilisateur : _____
Mot de passe : _____
Notes : _____
_____
_____

Site web : _____
Email : _____
Nom d'utilisateur : _____
Mot de passe : _____
Notes : _____
_____
_____

Site web : _____
Email : _____
Nom d'utilisateur : _____
Mot de passe : _____
Notes : _____
_____
_____

Site web : _____
Email : _____
Nom d'utilisateur : _____
Mot de passe : _____
Notes : _____
_____
_____

B

Site web :
Email :
Nom d'utilisateur :
Mot de passe :
Notes :

Site web :
Email :
Nom d'utilisateur :
Mot de passe :
Notes :

Site web :
Email :
Nom d'utilisateur :
Mot de passe :
Notes :

Site web :
Email :
Nom d'utilisateur :
Mot de passe :
Notes :

B

Site web : _____
Email : _____
Nom d'utilisateur : _____
Mot de passe : _____
Notes : _____
_____
_____

Site web : _____
Email : _____
Nom d'utilisateur : _____
Mot de passe : _____
Notes : _____
_____
_____

Site web : _____
Email : _____
Nom d'utilisateur : _____
Mot de passe : _____
Notes : _____
_____
_____

Site web : _____
Email : _____
Nom d'utilisateur : _____
Mot de passe : _____
Notes : _____
_____
_____

C

Site web :
Email :
Nom d'utilisateur :
Mot de passe :
Notes :

Site web :
Email :
Nom d'utilisateur :
Mot de passe :
Notes :

Site web :
Email :
Nom d'utilisateur :
Mot de passe :
Notes :

Site web :
Email :
Nom d'utilisateur :
Mot de passe :
Notes :

Site web : _____
Email : _____
Nom d'utilisateur : _____
Mot de passe : _____
Notes : _____
_____
_____

Site web : _____
Email : _____
Nom d'utilisateur : _____
Mot de passe : _____
Notes : _____
_____
_____

Site web : _____
Email : _____
Nom d'utilisateur : _____
Mot de passe : _____
Notes : _____
_____
_____

Site web : _____
Email : _____
Nom d'utilisateur : _____
Mot de passe : _____
Notes : _____
_____
_____

C

A
B
C
D
E
F
G
H
I
J
K
L
M
N
O
P
Q
R
S
T
U
V
W
X
Y
Z

C

Site web : _____
Email : _____
Nom d'utilisateur : _____
Mot de passe : _____
Notes : _____
_____
_____

Site web : _____
Email : _____
Nom d'utilisateur : _____
Mot de passe : _____
Notes : _____
_____
_____

Site web : _____
Email : _____
Nom d'utilisateur : _____
Mot de passe : _____
Notes : _____
_____
_____

Site web : _____
Email : _____
Nom d'utilisateur : _____
Mot de passe : _____
Notes : _____
_____
_____

C

Site web : _____
Email : _____
Nom d'utilisateur : _____
Mot de passe : _____
Notes : _____
_____
_____

Site web : _____
Email : _____
Nom d'utilisateur : _____
Mot de passe : _____
Notes : _____
_____
_____

Site web : _____
Email : _____
Nom d'utilisateur : _____
Mot de passe : _____
Notes : _____
_____
_____

Site web : _____
Email : _____
Nom d'utilisateur : _____
Mot de passe : _____
Notes : _____
_____

D

Site web :
Email :
Nom d'utilisateur :
Mot de passe :
Notes :

Site web :
Email :
Nom d'utilisateur :
Mot de passe :
Notes :

Site web :
Email :
Nom d'utilisateur :
Mot de passe :
Notes :

Site web :
Email :
Nom d'utilisateur :
Mot de passe :
Notes :

Site web : _____
Email : _____
Nom d'utilisateur : _____
Mot de passe : _____
Notes : _____

_____
_____

Site web : _____
Email : _____
Nom d'utilisateur : _____
Mot de passe : _____
Notes : _____

_____
_____

Site web : _____
Email : _____
Nom d'utilisateur : _____
Mot de passe : _____
Notes : _____

_____
_____

Site web : _____
Email : _____
Nom d'utilisateur : _____
Mot de passe : _____
Notes : _____

_____

D

D

Site web : _____
Email : _____
Nom d'utilisateur : _____
Mot de passe : _____
Notes : _____
_____
_____

Site web : _____
Email : _____
Nom d'utilisateur : _____
Mot de passe : _____
Notes : _____
_____
_____

Site web : _____
Email : _____
Nom d'utilisateur : _____
Mot de passe : _____
Notes : _____
_____
_____

Site web : _____
Email : _____
Nom d'utilisateur : _____
Mot de passe : _____
Notes : _____
_____
_____

Site web : _____
Email : _____
Nom d'utilisateur : _____
Mot de passe : _____
Notes : _____
_____
_____

Site web : _____
Email : _____
Nom d'utilisateur : _____
Mot de passe : _____
Notes : _____
_____
_____

Site web : _____
Email : _____
Nom d'utilisateur : _____
Mot de passe : _____
Notes : _____
_____
_____

Site web : _____
Email : _____
Nom d'utilisateur : _____
Mot de passe : _____
Notes : _____
_____

E

Site web : _____
Email : _____
Nom d'utilisateur : _____
Mot de passe : _____
Notes : _____
_____
_____

Site web : _____
Email : _____
Nom d'utilisateur : _____
Mot de passe : _____
Notes : _____
_____
_____

Site web : _____
Email : _____
Nom d'utilisateur : _____
Mot de passe : _____
Notes : _____
_____
_____

Site web : _____
Email : _____
Nom d'utilisateur : _____
Mot de passe : _____
Notes : _____
_____
_____

Site web : _____
Email : _____
Nom d'utilisateur : _____
Mot de passe : _____
Notes : _____
_____
_____

Site web : _____
Email : _____
Nom d'utilisateur : _____
Mot de passe : _____
Notes : _____
_____
_____

Site web : _____
Email : _____
Nom d'utilisateur : _____
Mot de passe : _____
Notes : _____
_____
_____

Site web : _____
Email : _____
Nom d'utilisateur : _____
Mot de passe : _____
Notes : _____
_____

E

A B C D E F G H I J K L M N O P Q R S T U V W X Y Z

E

Site web :
Email :
Nom d'utilisateur :
Mot de passe :
Notes :

Site web :
Email :
Nom d'utilisateur :
Mot de passe :
Notes :

Site web :
Email :
Nom d'utilisateur :
Mot de passe :
Notes :

Site web :
Email :
Nom d'utilisateur :
Mot de passe :
Notes :

Site web : _____
Email : _____
Nom d'utilisateur : _____
Mot de passe : _____
Notes : _____
_____
_____

Site web : _____
Email : _____
Nom d'utilisateur : _____
Mot de passe : _____
Notes : _____
_____
_____

Site web : _____
Email : _____
Nom d'utilisateur : _____
Mot de passe : _____
Notes : _____
_____
_____

Site web : _____
Email : _____
Nom d'utilisateur : _____
Mot de passe : _____
Notes : _____
_____
_____

E

A
B
C
D
E
F
G
H
I
J
K
L
M
N
O
P
Q
R
S
T
U
V
W
X
Y
Z

F

Site web : _____
Email : _____
Nom d'utilisateur : _____
Mot de passe : _____
Notes : _____
_____
_____

Site web : _____
Email : _____
Nom d'utilisateur : _____
Mot de passe : _____
Notes : _____
_____
_____

Site web : _____
Email : _____
Nom d'utilisateur : _____
Mot de passe : _____
Notes : _____
_____
_____

Site web : _____
Email : _____
Nom d'utilisateur : _____
Mot de passe : _____
Notes : _____
_____
_____

Site web : _____
Email : _____
Nom d'utilisateur : _____
Mot de passe : _____
Notes : _____
_____
_____

Site web : _____
Email : _____
Nom d'utilisateur : _____
Mot de passe : _____
Notes : _____
_____
_____

Site web : _____
Email : _____
Nom d'utilisateur : _____
Mot de passe : _____
Notes : _____
_____
_____

Site web : _____
Email : _____
Nom d'utilisateur : _____
Mot de passe : _____
Notes : _____
_____
_____

F

Site web : _____
Email : _____
Nom d'utilisateur : _____
Mot de passe : _____
Notes : _____
_____
_____

Site web : _____
Email : _____
Nom d'utilisateur : _____
Mot de passe : _____
Notes : _____
_____
_____

Site web : _____
Email : _____
Nom d'utilisateur : _____
Mot de passe : _____
Notes : _____
_____
_____

Site web : _____
Email : _____
Nom d'utilisateur : _____
Mot de passe : _____
Notes : _____
_____
_____

Site web : _____
Email : _____
Nom d'utilisateur : _____
Mot de passe : _____
Notes : _____
_____
_____

Site web : _____
Email : _____
Nom d'utilisateur : _____
Mot de passe : _____
Notes : _____
_____
_____

Site web : _____
Email : _____
Nom d'utilisateur : _____
Mot de passe : _____
Notes : _____
_____
_____

Site web : _____
Email : _____
Nom d'utilisateur : _____
Mot de passe : _____
Notes : _____
_____
_____

F

A B C D E F G H I J K L M N O P Q R S T U V W X Y Z

G

Site web : _____
Email : _____
Nom d'utilisateur : _____
Mot de passe : _____
Notes : _____
_____
_____

Site web : _____
Email : _____
Nom d'utilisateur : _____
Mot de passe : _____
Notes : _____
_____
_____

Site web : _____
Email : _____
Nom d'utilisateur : _____
Mot de passe : _____
Notes : _____
_____
_____

Site web : _____
Email : _____
Nom d'utilisateur : _____
Mot de passe : _____
Notes : _____
_____
_____

Site web : _____
Email : _____
Nom d'utilisateur : _____
Mot de passe : _____
Notes : _____

_____
_____

Site web : _____
Email : _____
Nom d'utilisateur : _____
Mot de passe : _____
Notes : _____

_____
_____

Site web : _____
Email : _____
Nom d'utilisateur : _____
Mot de passe : _____
Notes : _____

_____
_____

Site web : _____
Email : _____
Nom d'utilisateur : _____
Mot de passe : _____
Notes : _____

_____

G

A
B
C
D
E
F
G
H
I
J
K
L
M
N
O
P
Q
R
S
T
U
V
W
X
Y
Z

G

Site web :
Email :
Nom d'utilisateur :
Mot de passe :
Notes :

Site web :
Email :
Nom d'utilisateur :
Mot de passe :
Notes :

Site web :
Email :
Nom d'utilisateur :
Mot de passe :
Notes :

Site web :
Email :
Nom d'utilisateur :
Mot de passe :
Notes :

Site web : _____
Email : _____
Nom d'utilisateur : _____
Mot de passe : _____
Notes : _____
_____
_____

Site web : _____
Email : _____
Nom d'utilisateur : _____
Mot de passe : _____
Notes : _____
_____
_____

Site web : _____
Email : _____
Nom d'utilisateur : _____
Mot de passe : _____
Notes : _____
_____
_____

Site web : _____
Email : _____
Nom d'utilisateur : _____
Mot de passe : _____
Notes : _____
_____
_____

G

A B C D E F G H I J K L M N O P Q R S T U V W X Y Z

H

Site web :
Email :
Nom d'utilisateur :
Mot de passe :
Notes :

Site web :
Email :
Nom d'utilisateur :
Mot de passe :
Notes :

Site web :
Email :
Nom d'utilisateur :
Mot de passe :
Notes :

Site web :
Email :
Nom d'utilisateur :
Mot de passe :
Notes :

Site web : _____
Email : _____
Nom d'utilisateur : _____
Mot de passe : _____
Notes : _____
_____
_____

Site web : _____
Email : _____
Nom d'utilisateur : _____
Mot de passe : _____
Notes : _____
_____
_____

Site web : _____
Email : _____
Nom d'utilisateur : _____
Mot de passe : _____
Notes : _____
_____
_____

Site web : _____
Email : _____
Nom d'utilisateur : _____
Mot de passe : _____
Notes : _____
_____
_____

A
B
C
D
E
F
G
H
I
J
K
L
M
N
O
P
Q
R
S
T
U
V
W
X
Y
Z

H

Site web :
Email :
Nom d'utilisateur :
Mot de passe :
Notes :

Site web :
Email :
Nom d'utilisateur :
Mot de passe :
Notes :

Site web :
Email :
Nom d'utilisateur :
Mot de passe :
Notes :

Site web :
Email :
Nom d'utilisateur :
Mot de passe :
Notes :

Site web : _____
Email : _____
Nom d'utilisateur : _____
Mot de passe : _____
Notes : _____
_____
_____

Site web : _____
Email : _____
Nom d'utilisateur : _____
Mot de passe : _____
Notes : _____
_____
_____

Site web : _____
Email : _____
Nom d'utilisateur : _____
Mot de passe : _____
Notes : _____
_____
_____

Site web : _____
Email : _____
Nom d'utilisateur : _____
Mot de passe : _____
Notes : _____
_____
_____

H

A
B
C
D
E
F
G
H
I
J
K
L
M
N
O
P
Q
R
S
T
U
V
W
X
Y
Z

Site web :
Email :
Nom d'utilisateur :
Mot de passe :
Notes :

Site web :
Email :
Nom d'utilisateur :
Mot de passe :
Notes :

Site web :
Email :
Nom d'utilisateur :
Mot de passe :
Notes :

Site web :
Email :
Nom d'utilisateur :
Mot de passe :
Notes :

Site web : _____
Email : _____
Nom d'utilisateur : _____
Mot de passe : _____
Notes : _____
_____
_____

Site web : _____
Email : _____
Nom d'utilisateur : _____
Mot de passe : _____
Notes : _____
_____
_____

Site web : _____
Email : _____
Nom d'utilisateur : _____
Mot de passe : _____
Notes : _____
_____
_____

Site web : _____
Email : _____
Nom d'utilisateur : _____
Mot de passe : _____
Notes : _____
_____
_____

A B C D E F G H **I** J K L M N O P Q R S T U V W X Y Z

A
B
C
D
E
F
G
H
I
J
K
L
M
N
O
P
Q
R
S
T
U
V
W
X
Y
Z

Site web : _____
Email : _____
Nom d'utilisateur : _____
Mot de passe : _____
Notes : _____
_____
_____

Site web : _____
Email : _____
Nom d'utilisateur : _____
Mot de passe : _____
Notes : _____
_____
_____

Site web : _____
Email : _____
Nom d'utilisateur : _____
Mot de passe : _____
Notes : _____
_____
_____

Site web : _____
Email : _____
Nom d'utilisateur : _____
Mot de passe : _____
Notes : _____
_____
_____

Site web : _____
Email : _____
Nom d'utilisateur : _____
Mot de passe : _____
Notes : _____
_____
_____

Site web : _____
Email : _____
Nom d'utilisateur : _____
Mot de passe : _____
Notes : _____
_____
_____

Site web : _____
Email : _____
Nom d'utilisateur : _____
Mot de passe : _____
Notes : _____
_____
_____

Site web : _____
Email : _____
Nom d'utilisateur : _____
Mot de passe : _____
Notes : _____
_____
_____

J

Site web :
Email :
Nom d'utilisateur :
Mot de passe :
Notes :

Site web :
Email :
Nom d'utilisateur :
Mot de passe :
Notes :

Site web :
Email :
Nom d'utilisateur :
Mot de passe :
Notes :

Site web :
Email :
Nom d'utilisateur :
Mot de passe :
Notes :

Site web : _____
Email : _____
Nom d'utilisateur : _____
Mot de passe : _____
Notes : _____
_____
_____

Site web : _____
Email : _____
Nom d'utilisateur : _____
Mot de passe : _____
Notes : _____
_____
_____

Site web : _____
Email : _____
Nom d'utilisateur : _____
Mot de passe : _____
Notes : _____
_____
_____

Site web : _____
Email : _____
Nom d'utilisateur : _____
Mot de passe : _____
Notes : _____
_____
_____

J

Site web :
Email :
Nom d'utilisateur :
Mot de passe :
Notes :

Site web :
Email :
Nom d'utilisateur :
Mot de passe :
Notes :

Site web :
Email :
Nom d'utilisateur :
Mot de passe :
Notes :

Site web :
Email :
Nom d'utilisateur :
Mot de passe :
Notes :

Site web : _____
Email : _____
Nom d'utilisateur : _____
Mot de passe : _____
Notes : _____
_____
_____

Site web : _____
Email : _____
Nom d'utilisateur : _____
Mot de passe : _____
Notes : _____
_____
_____

Site web : _____
Email : _____
Nom d'utilisateur : _____
Mot de passe : _____
Notes : _____
_____
_____

Site web : _____
Email : _____
Nom d'utilisateur : _____
Mot de passe : _____
Notes : _____
_____
_____

A
B
C
D
E
F
G
H
I
J
K
L
M
N
O
P
Q
R
S
T
U
V
W
X
Y
Z

K

Site web : _____
Email : _____
Nom d'utilisateur : _____
Mot de passe : _____
Notes : _____
_____
_____

Site web : _____
Email : _____
Nom d'utilisateur : _____
Mot de passe : _____
Notes : _____
_____
_____

Site web : _____
Email : _____
Nom d'utilisateur : _____
Mot de passe : _____
Notes : _____
_____
_____

Site web : _____
Email : _____
Nom d'utilisateur : _____
Mot de passe : _____
Notes : _____
_____
_____

Site web : _____
Email : _____
Nom d'utilisateur : _____
Mot de passe : _____
Notes : _____
_____
_____

Site web : _____
Email : _____
Nom d'utilisateur : _____
Mot de passe : _____
Notes : _____
_____
_____

Site web : _____
Email : _____
Nom d'utilisateur : _____
Mot de passe : _____
Notes : _____
_____
_____

Site web : _____
Email : _____
Nom d'utilisateur : _____
Mot de passe : _____
Notes : _____
_____
_____

K

Site web :

Email :

Nom d'utilisateur :

Mot de passe :

Notes :

Site web :

Email :

Nom d'utilisateur :

Mot de passe :

Notes :

Site web :

Email :

Nom d'utilisateur :

Mot de passe :

Notes :

Site web :

Email :

Nom d'utilisateur :

Mot de passe :

Notes :

Site web : _____
Email : _____
Nom d'utilisateur : _____
Mot de passe : _____
Notes : _____
_____
_____

Site web : _____
Email : _____
Nom d'utilisateur : _____
Mot de passe : _____
Notes : _____
_____
_____

Site web : _____
Email : _____
Nom d'utilisateur : _____
Mot de passe : _____
Notes : _____
_____
_____

Site web : _____
Email : _____
Nom d'utilisateur : _____
Mot de passe : _____
Notes : _____
_____
_____

K

L

Site web : _____
Email : _____
Nom d'utilisateur : _____
Mot de passe : _____
Notes : _____
_____
_____

Site web : _____
Email : _____
Nom d'utilisateur : _____
Mot de passe : _____
Notes : _____
_____
_____

Site web : _____
Email : _____
Nom d'utilisateur : _____
Mot de passe : _____
Notes : _____
_____
_____

Site web : _____
Email : _____
Nom d'utilisateur : _____
Mot de passe : _____
Notes : _____
_____
_____

Site web : _____
Email : _____
Nom d'utilisateur : _____
Mot de passe : _____
Notes : _____
_____
_____

Site web : _____
Email : _____
Nom d'utilisateur : _____
Mot de passe : _____
Notes : _____
_____
_____

Site web : _____
Email : _____
Nom d'utilisateur : _____
Mot de passe : _____
Notes : _____
_____
_____

Site web : _____
Email : _____
Nom d'utilisateur : _____
Mot de passe : _____
Notes : _____
_____
_____

L

A
B
C
D
E
F
G
H
I
J
K
L
M
N
O
P
Q
R
S
T
U
V
W
X
Y
Z

Site web : _____
Email : _____
Nom d'utilisateur : _____
Mot de passe : _____
Notes : _____
_____
_____

Site web : _____
Email : _____
Nom d'utilisateur : _____
Mot de passe : _____
Notes : _____
_____
_____

Site web : _____
Email : _____
Nom d'utilisateur : _____
Mot de passe : _____
Notes : _____
_____
_____

Site web : _____
Email : _____
Nom d'utilisateur : _____
Mot de passe : _____
Notes : _____
_____
_____

Site web : _____
Email : _____
Nom d'utilisateur : _____
Mot de passe : _____
Notes : _____
_____
_____

Site web : _____
Email : _____
Nom d'utilisateur : _____
Mot de passe : _____
Notes : _____
_____
_____

Site web : _____
Email : _____
Nom d'utilisateur : _____
Mot de passe : _____
Notes : _____
_____
_____

Site web : _____
Email : _____
Nom d'utilisateur : _____
Mot de passe : _____
Notes : _____
_____

A
B
C
D
E
F
G
H
I
J
K
L
M
N
O
P
Q
R
S
T
U
V
W
X
Y
Z

M

Site web : _____
Email : _____
Nom d'utilisateur : _____
Mot de passe : _____
Notes : _____
_____
_____

Site web : _____
Email : _____
Nom d'utilisateur : _____
Mot de passe : _____
Notes : _____
_____
_____

Site web : _____
Email : _____
Nom d'utilisateur : _____
Mot de passe : _____
Notes : _____
_____
_____

Site web : _____
Email : _____
Nom d'utilisateur : _____
Mot de passe : _____
Notes : _____
_____
_____

Site web : _____
Email : _____
Nom d'utilisateur : _____
Mot de passe : _____
Notes : _____

_____
_____

Site web : _____
Email : _____
Nom d'utilisateur : _____
Mot de passe : _____
Notes : _____

_____
_____

Site web : _____
Email : _____
Nom d'utilisateur : _____
Mot de passe : _____
Notes : _____

_____
_____

Site web : _____
Email : _____
Nom d'utilisateur : _____
Mot de passe : _____
Notes : _____

_____
_____

M

Site web : _____
Email : _____
Nom d'utilisateur : _____
Mot de passe : _____
Notes : _____
_____
_____

Site web : _____
Email : _____
Nom d'utilisateur : _____
Mot de passe : _____
Notes : _____
_____
_____

Site web : _____
Email : _____
Nom d'utilisateur : _____
Mot de passe : _____
Notes : _____
_____
_____

Site web : _____
Email : _____
Nom d'utilisateur : _____
Mot de passe : _____
Notes : _____
_____
_____

Site web : _____
Email : _____
Nom d'utilisateur : _____
Mot de passe : _____
Notes : _____
_____
_____

Site web : _____
Email : _____
Nom d'utilisateur : _____
Mot de passe : _____
Notes : _____
_____
_____

Site web : _____
Email : _____
Nom d'utilisateur : _____
Mot de passe : _____
Notes : _____
_____
_____

Site web : _____
Email : _____
Nom d'utilisateur : _____
Mot de passe : _____
Notes : _____
_____
_____

M

A
B
C
D
E
F
G

Site web :
Email :
Nom d'utilisateur :
Mot de passe :
Notes :

H
I
J
K
L
M

Site web :
Email :
Nom d'utilisateur :
Mot de passe :
Notes :

N

O
P
Q
R
S
T

Site web :
Email :
Nom d'utilisateur :
Mot de passe :
Notes :

U
V
W
X
Y
Z

Site web :
Email :
Nom d'utilisateur :
Mot de passe :
Notes :

Site web : _____
Email : _____
Nom d'utilisateur : _____
Mot de passe : _____
Notes : _____
_____
_____

Site web : _____
Email : _____
Nom d'utilisateur : _____
Mot de passe : _____
Notes : _____
_____
_____

Site web : _____
Email : _____
Nom d'utilisateur : _____
Mot de passe : _____
Notes : _____
_____
_____

Site web : _____
Email : _____
Nom d'utilisateur : _____
Mot de passe : _____
Notes : _____
_____
_____

N

A
B
C
D
E
F
G
H
I
J
K
L
M
N
O
P
Q
R
S
T
U
V
W
X
Y
Z

Site web : _____
Email : _____
Nom d'utilisateur : _____
Mot de passe : _____
Notes : _____
_____
_____

Site web : _____
Email : _____
Nom d'utilisateur : _____
Mot de passe : _____
Notes : _____
_____
_____

Site web : _____
Email : _____
Nom d'utilisateur : _____
Mot de passe : _____
Notes : _____
_____
_____

Site web : _____
Email : _____
Nom d'utilisateur : _____
Mot de passe : _____
Notes : _____
_____
_____

Site web : _____
Email : _____
Nom d'utilisateur : _____
Mot de passe : _____
Notes : _____

_____

Site web : _____
Email : _____
Nom d'utilisateur : _____
Mot de passe : _____
Notes : _____

_____

Site web : _____
Email : _____
Nom d'utilisateur : _____
Mot de passe : _____
Notes : _____

_____

Site web : _____
Email : _____
Nom d'utilisateur : _____
Mot de passe : _____
Notes : _____

_____

A
B
C
D
E
F
G
H
I
J
K
L
M
N
O
P
Q
R
S
T
U
V
W
X
Y
Z

O

Site web : _____
Email : _____
Nom d'utilisateur : _____
Mot de passe : _____
Notes : _____
_____
_____

Site web : _____
Email : _____
Nom d'utilisateur : _____
Mot de passe : _____
Notes : _____
_____
_____

Site web : _____
Email : _____
Nom d'utilisateur : _____
Mot de passe : _____
Notes : _____
_____
_____

Site web : _____
Email : _____
Nom d'utilisateur : _____
Mot de passe : _____
Notes : _____
_____
_____

Site web : _____
Email : _____
Nom d'utilisateur : _____
Mot de passe : _____
Notes : _____
_____
_____

Site web : _____
Email : _____
Nom d'utilisateur : _____
Mot de passe : _____
Notes : _____
_____
_____

Site web : _____
Email : _____
Nom d'utilisateur : _____
Mot de passe : _____
Notes : _____
_____
_____

Site web : _____
Email : _____
Nom d'utilisateur : _____
Mot de passe : _____
Notes : _____
_____

A
B
C
D
E
F
G
H
I
J
K
L
M
N
O
P
Q
R
S
T
U
V
W
X
Y
Z

O

Site web : _____
Email : _____
Nom d'utilisateur : _____
Mot de passe : _____
Notes : _____
_____
_____

Site web : _____
Email : _____
Nom d'utilisateur : _____
Mot de passe : _____
Notes : _____
_____
_____

Site web : _____
Email : _____
Nom d'utilisateur : _____
Mot de passe : _____
Notes : _____
_____
_____

Site web : _____
Email : _____
Nom d'utilisateur : _____
Mot de passe : _____
Notes : _____
_____
_____

Site web :
Email :
Nom d'utilisateur :
Mot de passe :
Notes :

Site web :
Email :
Nom d'utilisateur :
Mot de passe :
Notes :

Site web :
Email :
Nom d'utilisateur :
Mot de passe :
Notes :

Site web :
Email :
Nom d'utilisateur :
Mot de passe :
Notes :

O

A
B
C
D
E
F
G
H
I
J
K
L
M
N
O
P
Q
R
S
T
U
V
W
X
Y
Z

Site web :
Email :
Nom d'utilisateur :
Mot de passe :
Notes :

Site web :
Email :
Nom d'utilisateur :
Mot de passe :
Notes :

Site web :
Email :
Nom d'utilisateur :
Mot de passe :
Notes :

Site web :
Email :
Nom d'utilisateur :
Mot de passe :
Notes :

Site web : _____
Email : _____
Nom d'utilisateur : _____
Mot de passe : _____
Notes : _____
_____
_____

Site web : _____
Email : _____
Nom d'utilisateur : _____
Mot de passe : _____
Notes : _____
_____
_____

Site web : _____
Email : _____
Nom d'utilisateur : _____
Mot de passe : _____
Notes : _____
_____
_____

Site web : _____
Email : _____
Nom d'utilisateur : _____
Mot de passe : _____
Notes : _____
_____
_____

P

P

Site web : _____
Email : _____
Nom d'utilisateur : _____
Mot de passe : _____
Notes : _____
_____
_____

Site web : _____
Email : _____
Nom d'utilisateur : _____
Mot de passe : _____
Notes : _____
_____
_____

Site web : _____
Email : _____
Nom d'utilisateur : _____
Mot de passe : _____
Notes : _____
_____
_____

Site web : _____
Email : _____
Nom d'utilisateur : _____
Mot de passe : _____
Notes : _____
_____
_____

Site web : _____
Email : _____
Nom d'utilisateur : _____
Mot de passe : _____
Notes : _____
_____
_____

Site web : _____
Email : _____
Nom d'utilisateur : _____
Mot de passe : _____
Notes : _____
_____
_____

Site web : _____
Email : _____
Nom d'utilisateur : _____
Mot de passe : _____
Notes : _____
_____
_____

Site web : _____
Email : _____
Nom d'utilisateur : _____
Mot de passe : _____
Notes : _____
_____

A B C D E F G H I J K L M N O **P** Q R S T U V W X Y Z

A
B
C
D
E
F
G
H
I
J
K
L
M
N
O
P
Q
R
S
T
U
V
W
X
Y
Z

Site web : _____
Email : _____
Nom d'utilisateur : _____
Mot de passe : _____
Notes : _____
_____
_____

Site web : _____
Email : _____
Nom d'utilisateur : _____
Mot de passe : _____
Notes : _____
_____
_____

Site web : _____
Email : _____
Nom d'utilisateur : _____
Mot de passe : _____
Notes : _____
_____
_____

Site web : _____
Email : _____
Nom d'utilisateur : _____
Mot de passe : _____
Notes : _____
_____
_____

Site web : _____
Email : _____
Nom d'utilisateur : _____
Mot de passe : _____
Notes : _____
_____
_____

Site web : _____
Email : _____
Nom d'utilisateur : _____
Mot de passe : _____
Notes : _____
_____
_____

Site web : _____
Email : _____
Nom d'utilisateur : _____
Mot de passe : _____
Notes : _____
_____
_____

Site web : _____
Email : _____
Nom d'utilisateur : _____
Mot de passe : _____
Notes : _____
_____

A
B
C
D
E
F
G
H
I
J
K
L
M
N
O
P
Q
R
S
T
U
V
W
X
Y
Z

Site web : _____
Email : _____
Nom d'utilisateur : _____
Mot de passe : _____
Notes : _____
_____
_____

Site web : _____
Email : _____
Nom d'utilisateur : _____
Mot de passe : _____
Notes : _____
_____
_____

Site web : _____
Email : _____
Nom d'utilisateur : _____
Mot de passe : _____
Notes : _____
_____
_____

Site web : _____
Email : _____
Nom d'utilisateur : _____
Mot de passe : _____
Notes : _____
_____
_____

Site web : _____
Email : _____
Nom d'utilisateur : _____
Mot de passe : _____
Notes : _____
_____
_____

Site web : _____
Email : _____
Nom d'utilisateur : _____
Mot de passe : _____
Notes : _____
_____
_____

Site web : _____
Email : _____
Nom d'utilisateur : _____
Mot de passe : _____
Notes : _____
_____
_____

Site web : _____
Email : _____
Nom d'utilisateur : _____
Mot de passe : _____
Notes : _____
_____
_____

A
B
C
D
E
F
G
H
I
J
K
L
M
N
O
P
Q
R
S
T
U
V
W
X
Y
Z

A
B
C
D
E
F
G
H
I
J
K
L
M
N
O
P
Q
R
S
T
U
V
W
X
Y
Z

Site web : _____
Email : _____
Nom d'utilisateur : _____
Mot de passe : _____
Notes : _____
_____
_____

Site web : _____
Email : _____
Nom d'utilisateur : _____
Mot de passe : _____
Notes : _____
_____
_____

Site web : _____
Email : _____
Nom d'utilisateur : _____
Mot de passe : _____
Notes : _____
_____
_____

Site web : _____
Email : _____
Nom d'utilisateur : _____
Mot de passe : _____
Notes : _____
_____
_____

Site web : _____
Email : _____
Nom d'utilisateur : _____
Mot de passe : _____
Notes : _____
_____
_____

Site web : _____
Email : _____
Nom d'utilisateur : _____
Mot de passe : _____
Notes : _____
_____
_____

Site web : _____
Email : _____
Nom d'utilisateur : _____
Mot de passe : _____
Notes : _____
_____
_____

Site web : _____
Email : _____
Nom d'utilisateur : _____
Mot de passe : _____
Notes : _____
_____
_____

R

Site web : _____
Email : _____
Nom d'utilisateur : _____
Mot de passe : _____
Notes : _____
_____
_____

Site web : _____
Email : _____
Nom d'utilisateur : _____
Mot de passe : _____
Notes : _____
_____
_____

Site web : _____
Email : _____
Nom d'utilisateur : _____
Mot de passe : _____
Notes : _____
_____
_____

Site web : _____
Email : _____
Nom d'utilisateur : _____
Mot de passe : _____
Notes : _____
_____
_____

Site web : _____
Email : _____
Nom d'utilisateur : _____
Mot de passe : _____
Notes : _____
_____
_____

Site web : _____
Email : _____
Nom d'utilisateur : _____
Mot de passe : _____
Notes : _____
_____
_____

Site web : _____
Email : _____
Nom d'utilisateur : _____
Mot de passe : _____
Notes : _____
_____
_____

Site web : _____
Email : _____
Nom d'utilisateur : _____
Mot de passe : _____
Notes : _____
_____
_____

R

A
B
C
D
E
F
G
H
I
J
K
L
M
N
O
P
Q
R
S
T
U
V
W
X
Y
Z

Site web :
Email :
Nom d'utilisateur :
Mot de passe :
Notes :

Site web :
Email :
Nom d'utilisateur :
Mot de passe :
Notes :

Site web :
Email :
Nom d'utilisateur :
Mot de passe :
Notes :

Site web :
Email :
Nom d'utilisateur :
Mot de passe :
Notes :

Site web : _____
Email : _____
Nom d'utilisateur : _____
Mot de passe : _____
Notes : _____
_____
_____

Site web : _____
Email : _____
Nom d'utilisateur : _____
Mot de passe : _____
Notes : _____
_____
_____

Site web : _____
Email : _____
Nom d'utilisateur : _____
Mot de passe : _____
Notes : _____
_____
_____

Site web : _____
Email : _____
Nom d'utilisateur : _____
Mot de passe : _____
Notes : _____
_____
_____

S

S

Site web : _____
Email : _____
Nom d'utilisateur : _____
Mot de passe : _____
Notes : _____
_____
_____

Site web : _____
Email : _____
Nom d'utilisateur : _____
Mot de passe : _____
Notes : _____
_____
_____

Site web : _____
Email : _____
Nom d'utilisateur : _____
Mot de passe : _____
Notes : _____
_____
_____

Site web : _____
Email : _____
Nom d'utilisateur : _____
Mot de passe : _____
Notes : _____
_____
_____

Site web : _____
Email : _____
Nom d'utilisateur : _____
Mot de passe : _____
Notes : _____
_____
_____

Site web : _____
Email : _____
Nom d'utilisateur : _____
Mot de passe : _____
Notes : _____
_____
_____

Site web : _____
Email : _____
Nom d'utilisateur : _____
Mot de passe : _____
Notes : _____
_____
_____

Site web : _____
Email : _____
Nom d'utilisateur : _____
Mot de passe : _____
Notes : _____
_____
_____

A
B
C
D
E
F
G
H
I
J
K
L
M
N
O
P
Q
R
S
T
U
V
W
X
Y
Z

A
B
C
D
E
F
G
H
I
J
K
L
M
N
O
P
Q
R
S

T

U
V
W
X
Y
Z

Site web : _____
Email : _____
Nom d'utilisateur : _____
Mot de passe : _____
Notes : _____
_____
_____

Site web : _____
Email : _____
Nom d'utilisateur : _____
Mot de passe : _____
Notes : _____
_____
_____

Site web : _____
Email : _____
Nom d'utilisateur : _____
Mot de passe : _____
Notes : _____
_____
_____

Site web : _____
Email : _____
Nom d'utilisateur : _____
Mot de passe : _____
Notes : _____
_____
_____

Site web : _____
Email : _____
Nom d'utilisateur : _____
Mot de passe : _____
Notes : _____
_____
_____

Site web : _____
Email : _____
Nom d'utilisateur : _____
Mot de passe : _____
Notes : _____
_____
_____

Site web : _____
Email : _____
Nom d'utilisateur : _____
Mot de passe : _____
Notes : _____
_____
_____

Site web : _____
Email : _____
Nom d'utilisateur : _____
Mot de passe : _____
Notes : _____
_____
_____

A
B
C
D
E
F
G
H
I
J
K
L
M
N
O
P
Q
R
S
T
U
V
W
X
Y
Z

A
B
C
D
E
F
G
H
I
J
K
L
M
N
O
P
Q
R
S
T
U
V
W
X
Y
Z

Site web : _____
Email : _____
Nom d'utilisateur : _____
Mot de passe : _____
Notes : _____
_____
_____

Site web : _____
Email : _____
Nom d'utilisateur : _____
Mot de passe : _____
Notes : _____
_____
_____

Site web : _____
Email : _____
Nom d'utilisateur : _____
Mot de passe : _____
Notes : _____
_____
_____

Site web : _____
Email : _____
Nom d'utilisateur : _____
Mot de passe : _____
Notes : _____
_____
_____

Site web : _____
Email : _____
Nom d'utilisateur : _____
Mot de passe : _____
Notes : _____
_____
_____

Site web : _____
Email : _____
Nom d'utilisateur : _____
Mot de passe : _____
Notes : _____
_____
_____

Site web : _____
Email : _____
Nom d'utilisateur : _____
Mot de passe : _____
Notes : _____
_____
_____

Site web : _____
Email : _____
Nom d'utilisateur : _____
Mot de passe : _____
Notes : _____
_____
_____

A
B
C
D
E
F
G
H
I
J
K
L
M
N
O
P
Q
R
S
T
U
V
W
X
Y
Z

A
B
C
D
E
F
G
H
I
J
K
L
M
N
O
P
Q
R
S
T
U
V
W
X
Y
Z

Site web : _____
Email : _____
Nom d'utilisateur : _____
Mot de passe : _____
Notes : _____
_____
_____

Site web : _____
Email : _____
Nom d'utilisateur : _____
Mot de passe : _____
Notes : _____
_____
_____

Site web : _____
Email : _____
Nom d'utilisateur : _____
Mot de passe : _____
Notes : _____
_____
_____

Site web : _____
Email : _____
Nom d'utilisateur : _____
Mot de passe : _____
Notes : _____
_____
_____

Site web : _____
Email : _____
Nom d'utilisateur : _____
Mot de passe : _____
Notes : _____
_____
_____

Site web : _____
Email : _____
Nom d'utilisateur : _____
Mot de passe : _____
Notes : _____
_____
_____

Site web : _____
Email : _____
Nom d'utilisateur : _____
Mot de passe : _____
Notes : _____
_____
_____

Site web : _____
Email : _____
Nom d'utilisateur : _____
Mot de passe : _____
Notes : _____
_____

A
B
C
D
E
F
G
H
I
J
K
L
M
N
O
P
Q
R
S
T
U
V
W
X
Y
Z

A
B
C
D
E
F
G
H
I
J
K
L
M
N
O
P
Q
R
S
T
U
V
W
X
Y
Z

Site web : _____
Email : _____
Nom d'utilisateur : _____
Mot de passe : _____
Notes : _____
_____
_____

Site web : _____
Email : _____
Nom d'utilisateur : _____
Mot de passe : _____
Notes : _____
_____
_____

Site web : _____
Email : _____
Nom d'utilisateur : _____
Mot de passe : _____
Notes : _____
_____
_____

Site web : _____
Email : _____
Nom d'utilisateur : _____
Mot de passe : _____
Notes : _____
_____
_____

Site web : _____
Email : _____
Nom d'utilisateur : _____
Mot de passe : _____
Notes : _____
_____
_____

Site web : _____
Email : _____
Nom d'utilisateur : _____
Mot de passe : _____
Notes : _____
_____
_____

Site web : _____
Email : _____
Nom d'utilisateur : _____
Mot de passe : _____
Notes : _____
_____
_____

Site web : _____
Email : _____
Nom d'utilisateur : _____
Mot de passe : _____
Notes : _____
_____
_____

U

A B C D E F G H I J K L M N O P Q R S T U V W X Y Z

Site web : _____
Email : _____
Nom d'utilisateur : _____
Mot de passe : _____
Notes : _____
_____
_____

Site web : _____
Email : _____
Nom d'utilisateur : _____
Mot de passe : _____
Notes : _____
_____
_____

Site web : _____
Email : _____
Nom d'utilisateur : _____
Mot de passe : _____
Notes : _____
_____
_____

Site web : _____
Email : _____
Nom d'utilisateur : _____
Mot de passe : _____
Notes : _____
_____
_____

Site web : _____
Email : _____
Nom d'utilisateur : _____
Mot de passe : _____
Notes : _____
_____
_____

Site web : _____
Email : _____
Nom d'utilisateur : _____
Mot de passe : _____
Notes : _____
_____
_____

Site web : _____
Email : _____
Nom d'utilisateur : _____
Mot de passe : _____
Notes : _____
_____
_____

Site web : _____
Email : _____
Nom d'utilisateur : _____
Mot de passe : _____
Notes : _____
_____
_____

V

A
B
C
D
E
F
G
H
I
J
K
L
M
N
O
P
Q
R
S
T
U
V
W
X
Y
Z

Site web : _____
Email : _____
Nom d'utilisateur : _____
Mot de passe : _____
Notes : _____
_____
_____

Site web : _____
Email : _____
Nom d'utilisateur : _____
Mot de passe : _____
Notes : _____
_____
_____

Site web : _____
Email : _____
Nom d'utilisateur : _____
Mot de passe : _____
Notes : _____
_____
_____

Site web : _____
Email : _____
Nom d'utilisateur : _____
Mot de passe : _____
Notes : _____
_____
_____

Site web : _____
Email : _____
Nom d'utilisateur : _____
Mot de passe : _____
Notes : _____
_____
_____

Site web : _____
Email : _____
Nom d'utilisateur : _____
Mot de passe : _____
Notes : _____
_____
_____

Site web : _____
Email : _____
Nom d'utilisateur : _____
Mot de passe : _____
Notes : _____
_____
_____

Site web : _____
Email : _____
Nom d'utilisateur : _____
Mot de passe : _____
Notes : _____
_____
_____

V

A B C D E F G H I J K L M N O P Q R S T U V W X Y Z

A
B
C
D
E
F
G
H
I
J
K
L
M
N
O
P
Q
R
S
T
U
V
W
X
Y
Z

Site web :
Email :
Nom d'utilisateur :
Mot de passe :
Notes :

Site web :
Email :
Nom d'utilisateur :
Mot de passe :
Notes :

Site web :
Email :
Nom d'utilisateur :
Mot de passe :
Notes :

Site web :
Email :
Nom d'utilisateur :
Mot de passe :
Notes :

Site web : _____
Email : _____
Nom d'utilisateur : _____
Mot de passe : _____
Notes : _____
_____
_____

Site web : _____
Email : _____
Nom d'utilisateur : _____
Mot de passe : _____
Notes : _____
_____
_____

Site web : _____
Email : _____
Nom d'utilisateur : _____
Mot de passe : _____
Notes : _____
_____
_____

Site web : _____
Email : _____
Nom d'utilisateur : _____
Mot de passe : _____
Notes : _____
_____

A
B
C
D
E
F
G
H
I
J
K
L
M
N
O
P
Q
R
S
T
U
V
W
X
Y
Z

A
B
C
D
E
F
G
H
I
J
K
L
M
N
O
P
Q
R
S
T
U
V
W
X
Y
Z

Site web : _____
Email : _____
Nom d'utilisateur : _____
Mot de passe : _____
Notes : _____
_____
_____

Site web : _____
Email : _____
Nom d'utilisateur : _____
Mot de passe : _____
Notes : _____
_____
_____

Site web : _____
Email : _____
Nom d'utilisateur : _____
Mot de passe : _____
Notes : _____
_____
_____

Site web : _____
Email : _____
Nom d'utilisateur : _____
Mot de passe : _____
Notes : _____
_____
_____

Site web : _____
Email : _____
Nom d'utilisateur : _____
Mot de passe : _____
Notes : _____
_____
_____

Site web : _____
Email : _____
Nom d'utilisateur : _____
Mot de passe : _____
Notes : _____
_____
_____

Site web : _____
Email : _____
Nom d'utilisateur : _____
Mot de passe : _____
Notes : _____
_____
_____

Site web : _____
Email : _____
Nom d'utilisateur : _____
Mot de passe : _____
Notes : _____
_____
_____

A
B
C
D
E
F
G
H
I
J
K
L
M
N
O
P
Q
R
S
T
U
V
W
X
Y
Z

Site web : _____
Email : _____
Nom d'utilisateur : _____
Mot de passe : _____
Notes : _____
_____
_____

Site web : _____
Email : _____
Nom d'utilisateur : _____
Mot de passe : _____
Notes : _____
_____
_____

Site web : _____
Email : _____
Nom d'utilisateur : _____
Mot de passe : _____
Notes : _____
_____
_____

Site web : _____
Email : _____
Nom d'utilisateur : _____
Mot de passe : _____
Notes : _____
_____
_____

Site web : _____
Email : _____
Nom d'utilisateur : _____
Mot de passe : _____
Notes : _____
_____
_____

Site web : _____
Email : _____
Nom d'utilisateur : _____
Mot de passe : _____
Notes : _____
_____
_____

Site web : _____
Email : _____
Nom d'utilisateur : _____
Mot de passe : _____
Notes : _____
_____
_____

Site web : _____
Email : _____
Nom d'utilisateur : _____
Mot de passe : _____
Notes : _____
_____
_____

X

Site web : _____
Email : _____
Nom d'utilisateur : _____
Mot de passe : _____
Notes : _____
_____
_____

Site web : _____
Email : _____
Nom d'utilisateur : _____
Mot de passe : _____
Notes : _____
_____
_____

Site web : _____
Email : _____
Nom d'utilisateur : _____
Mot de passe : _____
Notes : _____
_____
_____

Site web : _____
Email : _____
Nom d'utilisateur : _____
Mot de passe : _____
Notes : _____
_____
_____

Site web : _____
Email : _____
Nom d'utilisateur : _____
Mot de passe : _____
Notes : _____
_____
_____

Site web : _____
Email : _____
Nom d'utilisateur : _____
Mot de passe : _____
Notes : _____
_____
_____

Site web : _____
Email : _____
Nom d'utilisateur : _____
Mot de passe : _____
Notes : _____
_____
_____

X

A
B
C
D
E
F
G
H
I
J
K
L
M
N
O
P
Q
R
S
T
U
V
W
X
Y
Z

Site web : _____
Email : _____
Nom d'utilisateur : _____
Mot de passe : _____
Notes : _____
_____
_____

Site web : _____
Email : _____
Nom d'utilisateur : _____
Mot de passe : _____
Notes : _____
_____
_____

Site web : _____
Email : _____
Nom d'utilisateur : _____
Mot de passe : _____
Notes : _____
_____
_____

Site web : _____
Email : _____
Nom d'utilisateur : _____
Mot de passe : _____
Notes : _____
_____
_____

Site web : _____
Email : _____
Nom d'utilisateur : _____
Mot de passe : _____
Notes : _____
_____
_____

Site web : _____
Email : _____
Nom d'utilisateur : _____
Mot de passe : _____
Notes : _____
_____
_____

Site web : _____
Email : _____
Nom d'utilisateur : _____
Mot de passe : _____
Notes : _____
_____
_____

Site web : _____
Email : _____
Nom d'utilisateur : _____
Mot de passe : _____
Notes : _____
_____
_____

Y

Y

Site web : _____
Email : _____
Nom d'utilisateur : _____
Mot de passe : _____
Notes : _____
_____
_____

Site web : _____
Email : _____
Nom d'utilisateur : _____
Mot de passe : _____
Notes : _____
_____
_____

Site web : _____
Email : _____
Nom d'utilisateur : _____
Mot de passe : _____
Notes : _____
_____
_____

Site web : _____
Email : _____
Nom d'utilisateur : _____
Mot de passe : _____
Notes : _____
_____
_____

Site web : _____
Email : _____
Nom d'utilisateur : _____
Mot de passe : _____
Notes : _____
_____
_____

Site web : _____
Email : _____
Nom d'utilisateur : _____
Mot de passe : _____
Notes : _____
_____
_____

Site web : _____
Email : _____
Nom d'utilisateur : _____
Mot de passe : _____
Notes : _____
_____
_____

Site web : _____
Email : _____
Nom d'utilisateur : _____
Mot de passe : _____
Notes : _____
_____
_____

A
B
C
D
E
F
G
H
I
J
K
L
M
N
O
P
Q
R
S
T
U
V
W
X
Y
Z

Site web : _____
Email : _____
Nom d'utilisateur : _____
Mot de passe : _____
Notes : _____
_____
_____

Site web : _____
Email : _____
Nom d'utilisateur : _____
Mot de passe : _____
Notes : _____
_____
_____

Site web : _____
Email : _____
Nom d'utilisateur : _____
Mot de passe : _____
Notes : _____
_____
_____

Site web : _____
Email : _____
Nom d'utilisateur : _____
Mot de passe : _____
Notes : _____
_____

Site web : _____
Email : _____
Nom d'utilisateur : _____
Mot de passe : _____
Notes : _____
_____
_____

Site web : _____
Email : _____
Nom d'utilisateur : _____
Mot de passe : _____
Notes : _____
_____
_____

Site web : _____
Email : _____
Nom d'utilisateur : _____
Mot de passe : _____
Notes : _____
_____
_____

Site web : _____
Email : _____
Nom d'utilisateur : _____
Mot de passe : _____
Notes : _____
_____
_____

A
B
C
D
E
F
G
H
I
J
K
L
M
N
O
P
Q
R
S
T
U
V
W
X
Y
Z

Site web : _____
Email : _____
Nom d'utilisateur : _____
Mot de passe : _____
Notes : _____
_____
_____

Site web : _____
Email : _____
Nom d'utilisateur : _____
Mot de passe : _____
Notes : _____
_____
_____

Site web : _____
Email : _____
Nom d'utilisateur : _____
Mot de passe : _____
Notes : _____
_____
_____

Site web : _____
Email : _____
Nom d'utilisateur : _____
Mot de passe : _____
Notes : _____
_____

Site web : _____
Email : _____
Nom d'utilisateur : _____
Mot de passe : _____
Notes : _____
_____
_____

Site web : _____
Email : _____
Nom d'utilisateur : _____
Mot de passe : _____
Notes : _____
_____
_____

Site web : _____
Email : _____
Nom d'utilisateur : _____
Mot de passe : _____
Notes : _____
_____
_____

Site web : _____
Email : _____
Nom d'utilisateur : _____
Mot de passe : _____
Notes : _____
_____
_____

Z

www.ingramcontent.com/pod-product-compliance
Lightning Source LLC
Chambersburg PA
CBHW072025230526
45466CB00019B/553